LES JÉSUITES

ET

LE CATHOLICISME

RÉPONSE

A MM. MICHELET ET QUINET

PAR

Clovis DETRANCHANT

PARIS

ET DANS LES DÉPARTEMENS

chez tous les Libraires

1843

LES JÉSUITES

ET

LE CATHOLICISME

RÉPONSE

A MM. MICHELET ET QUINET

PAR

Clovis DETRANCHANT

PARIS

ET DANS LES DÉPARTEMENTS

chez tous les libraires.

1843

Laon Imp. de Ed. Fleury et L. Huriez.

AVERTISSEMENT ESSENTIEL.

—

Avons-nous donc tellement oublié l'esprit de la liberté que nous en soyons venus au point de sanctionner les abus et les privilèges les plus funestes, tel que celui de reconnaître le droit d'éclairer la marche du siècle, à travers les sentiers du progrès, à ceux-là seulement qui ont l'honneur de voir figurer leurs traitements sur le vaste budget de la nation?

Pour moi, je ne crois pas à l'existence d'une telle erreur. J'ai trop haute confiance en la sagesse du pouvoir, et je suis convaincu que s'il oubliait jamais certains articles de la charte, — ce qui me paraît impossible, — ce ne serait pas le premier : celui qui dit que tous les citoyens français sont égaux devant la loi. Remarquez que cet article dit tous les Français, et non pas une partie, la plupart, beaucoup, quelques-uns; mais *tous*. — Voilà qui est bien entendu.

Je sais bien que la France tout entière a raison de s'étonner qu'il se trouve encore parmi nous des docteurs et des philosophes assez audacieux pour s'arroger le droit exclusif de régenter l'humanité; mais à cela je réponds que c'est une fragilité de plus à ajouter aux travers de certains grands esprits. Ils ont mal compris leur époque; voilà tout. Mais soyez assurés que le siècle les a mieux appréciés, et que la génération actuelle saura faire bonne justice de leurs ridicules présomptions.

Il y a longtemps qu'on a dit : la liberté est une et indivisible. Ce qui était vrai, il y a cinquante ans, ne peut être un mensonge aujourd'hui. Aussi, les sophistes qui viennent, sur un amas de paradoxes, relever à leur profit le système d'une égalité fatalement exceptionnelle, ne tarderont pas à reconnaître qu'ils se sont chargés d'un fardeau dont il leur est impossible de soutenir le poids.

Or, puisque la loi est pour tous, — comme Dieu est pour tous, — à chacun sa mission. — Mais pas d'exception avec la liberté individuelle consacrée par la charte.

Comme tous les chars possibles, le char de l'Etat a quatre roues, — le nombre n'y fait rien; — chacune de ces roues doit tourner librement. — Rien ne doit entraver son mouvement de rotation. — Au pouvoir suprême seul appartient le droit de guider sa marche dont il doit mesurer l'ardeur avec sagesse.

Voilà pour les généralités, et voici pour certains faits particuliers. — C'est aussi de l'actualité. —

Attaquer les faits accomplis par le gouvernement du Roi, ou les droits qu'il tient de la nation, — c'est un crime prévu par la loi. — Il doit être puni. — Mais parler ou écrire contre les idées ou contre les principes d'un membre du pouvoir respectable, — c'est un fait isolé, inoffensif; — c'est le droit de chaque citoyen.

Attaquer l'omnipotence spirituelle de la cour de Rome, c'est une erreur, — c'est aussi un crime commis contre l'orthodoxie de l'église catholique, — quoiqu'il n'y ait pas de lois humaines pour les punir. — Mais élever la voix contre un catholique pris isolément, c'est le droit de tout le monde, et ce n'est pas toujours un fait répréhensible. — Il est bien entendu que je ne veux nullement parler de tout ce qui peut blesser la réputation d'autrui. —

Or, il en est de l'université, du collège de France, et de n'importe quel professeur, ce qu'il en est peut-être du pouvoir temporel ou du pouvoir spirituel. — Sortez de la légalité, vous êtes coupable. — Mais usez des avantages dont vous a gratifié la législation, — c'est votre privilége, — vous devez être inattaquable. — Et, si l'on vous accusait, il n'est pas un honnête homme qui ne doive prendre votre défense.

Je vais donc aussi user de mes droits en répondant, non pas précisément à MM. Michelet et Quinet, mais aux funestes doctrines qu'ils ont déclamées à propos des Jésuites et du catholicisme. Et quoique je ne sois pas comme eux professeur au collège de France, je ne m'en permettrai pas moins de faire remarquer, autant que possible, que ces Messieurs ont eu grand tort de prouver au monde que, s'ils sont éloquents, ils sont faibles en philosophie et infiniment trop ignorants en théologie.

Ils verront plus tard que beaucoup de leurs élèves sont de mon avis; et peut-être eux-mêmes me sauront-ils gré un jour d'avoir tenté quelques efforts pour arrêter dans son cours le germe du mal qu'ils ont semé dans la grande voie du progrès et de la civilisation.

Je n'ai qu'un seul but, — le voici : — Défendre la religion catholique, et le culte de la majorité des Français.

Pour ce qui est du clergé, je le considère comme corps enseignant. Je vois dans chacun de ses membres un professeur et un prédicateur. — Je sais que leur royaume n'est pas de ce monde. — Mais pourquoi des hommes civils veulent-ils s'arroger le droit de gouverner l'un et l'autre monde! — C'est une injustice. — Et ce n'est pas ainsi que nous entendons la liberté ! —

LES JÉSUITES

ET

LE CATHOLICISME

Réponse à MM. Michelet & Quinet.

I.

Je pleure les fléaux qui menacent le monde,
Et du grand Michelet la douleur furibonde.

Je pleure de Quinet les sinistres exploits,
Et les tristes succès de sa funeste voix.

L'impie a retrouvé sa verve satanique ;
Il pâlit sous les coups d'une sombre panique.
Armé du beau talent qu'il a reçu du ciel,
Il blasphème au grand jour le nom de l'Eternel.

Inquiet sur sa couche, au sein de l'insomnie,

Il menace du poing son impuissant génie.

Ses voisins, ses enfants, effrayés dans la nuit,

Se demandent, entre eux, le cause d'un tel bruit.

Eh! quoi! se disent-ils, à quoi sert la police,

Si l'homme ne peut plus, dans un sommeil propice,

Retrouver pour le jour les forces qu'il n'a plus?

—Les fonds secrets, pour lui, sont-ils donc superflus?—

— Oh! nous protesterons. — A la France légale

Nous prouverons, qu'au moins, la chose est immorale.

De quoi vous plaindrez-vous? leur répond une voix.

Contre celui qni passe avez-vous quelques droits?

Regardez! c'est Quinet. Place! place au grand homme

Qui va livrer combat aux défenseurs de Rome;

Place au héros du jour, à ce titan fameux

Qui va porter ses coups jusqu'au trône des cieux!

Suivez, suivez la foule; entrez à son école,

Il vous dira comment on monte au Capitole

Alors qu'on a trouvé, même dans le saint lieu,

Des saints qui sont au ciel sans avoir aimé Dieu ! (1)

(1) M. Quinet prétend que la cour de Rome a souvent canonisé des hommes, qui n'avaient nullement mérité de l'être. C'est le sens de sa doctrine. Certes, on n'est pas plus sottement audacieux.

Mais quel est-ce vieillard dont la sombre paupière
Semble emprunter l'aspect de l'illustre Voltaire ?

Hélas ! c'est Michelet ; autre écho de l'erreur.
Il ose de Quinet partager la terreur. (a)
Dans l'arène, à son tour, il va bientôt combattre
Des ennemis absents qu'il brûle aussi d'abattre ?
Car son cœur a nourri plus d'un mortel poison
Pour qui, devant sa chaire, incline sa raison,
Et tous deux vous diront que chaque Jésuite
Est un monstre par Dieu mis à notre poursuite. (b)

Pourtant, ces deux héros, orgueilleux novateurs,
Rencontrent, parmi nous, nombreux imitateurs.

Le serpent, qui se glisse à travers la nuit sombre,
Trouve plus d'une proie à dévorer dans l'ombre ;
Et l'aigle qui s'abat, du rocher dans les champs,
Bien souvent à leur mère enlève les enfants :
Mais, toujours, celle-ci, dans l'ardeur qui la presse,
Sent grandir son courage au feu de sa tendresse ;
Et les plus grands dangers ne l'épouvantent pas.
Son œil les voit sans crainte assemblés sur ses pas.

Telle est, depuis longtemps, l'église militante ;
Pour ses nombreux enfants elle est toujours tremblante,
Mais elle n'oubli pas que les hommes pervers
Ne sont rien pour le Dieu qui créa l'univers.

Elle sait que c'est lui qui gouverne le monde
Et qu'il possède seul la sagesse profonde.
Elle apprend aux mortels que, sans la vérité,
L'on ne trouve, ici-bas, que sotte vanité ;
Mais dit-elle jamais : l'espérance est un songe,
Et l'immortalité le plus triste mensonge ! ! (c)
Quand elle fait briller l'éclat de son pouvoir,
Ce n'est pas pour semer le sombre désespoir
Au sein des cœurs flétris ou d'une âme ravie
En pensant au bonheur d'une éternelle vie.
Elle est plus généreuse, et sa voix ne dit pas :
Tout finit avec l'homme au grand jour du trépas.

Telle on voit une mère, en proie à la souffrance,
Annoncer à son fils l'heure de l'espérance,
Alors que celui-ci, courbé par la douleur,
Semble prêt à tomber sous le poids du malheur :
Telle aussi, de tous temps, on vit l'église sainte,
Pour les siens, alarmée, écoutant chaque plainte,

Leur indiquer, de loin, la fin de leurs travaux
Et la gloire des cieux pour prix de tous leurs maux,

Après cela, Quinet, faut-il que je t'écoute?
Quand ta main du néant cherche la triste route?
Faut-il que je t'écoute, alors que ton orgueil
Me réserve pour ciel un lugubre cercueil?
Ou bien lorsque ta voix, dans un pompeux langage,
Prédestine un chrétien, comme un anthropophage,
Et donne à nos forfaits, ainsi qu'à nos vertus,
La même récompense au séjour des élus. (D)

Vraiment, il me faudrait trop grande complaisance
Pour juger les humains au poids de ta balance.
Non, je ne me sens pas tant de naïveté!
Conserve ton néant! Mais l'immortalité!
Voilà notre avenir. Voilà notre espérance.
Pourquoi nous arracher si douce confiance?

Mais silence! écoutez le superbe régent.
Il va blasphémer Dieu pour gagner de l'argent.
Ne l'interrompez pas, car de son œil farouche
Il lancera sur vous le venin de sa bouche.
Puis il vous prouvera, par des mots décousus,
Qu'il rencontre partout des enfants de Jésus.

Vous raconter pourquoi sa main voudrait d'Ignace
Effacer d'un seul coup la plus légère trace ;
Vous dire à quel propos il maudit les enfants
De cet ordre fameux, fertile en dévouements ;
Si grand par ses succès , si fécond en miracles
Que sa voix, bien longtemps, seule servit d'oracles ;
Je ne le pourrais pas : mais sachez, toutefois —
Et maintenant surtout, — que s'il est aux abois,
C'est qu'il ne comprend pas que la France légale
Vienne à tout citoyen faire une part égale
Des biens qu'elle a reçus de la divinité ;
Et qu'un enfant d'Ignace ose à la liberté
Présenter son encens, et demander encore
Le droit de dépenser un talent qui l'honore,
Et d'en semer les fruits sur le sublime sol,
Berceau des Fénélon et des Vincent de Paul.

Mais le grand Michelet, dans l'ardeur qui le presse,
Conserve pour lui seul les feux de sa tendresse.
Il s'aime, c'est assez ! et le flambeau des cieux,
Jamais, de ses rayons, n'éclaira rien de mieux.
Dût le monde, après lui, râler son agonie,
Tué par le poison de son docte génie ;
Dût sa noble patrie, en proie à ses regrets,

Voir tomber pour toujours l'éclat de ses progrès ;
Pourvu que son talent brille seul dans le monde
En parsemant de fleurs sa course vagabonde,
Il vivra dans la joie, en narguant le trépas
Dont il a mesuré le pouvoir au compas.

Eh ! que lui fait la mort ; pourvu qu'un Jésuite
Ne s'en vienne jamais régenter à sa suite ;
Pourvu que Rome, enfin, régnant sans liberté,
Ne trouve d'érudits qu'en l'Université ?
Car, le plus grand des maux, pour cet homme qui passe,
C'est de voir près de lui les disciples d'Ignace ;
C'est d'entendre, surtout, la voix de l'univers,
Raconter les bienfaits de ces hommes *pervers*.
Illustres défenseurs de la gloire immortelle,
Invincibles soldats de la ville éternelle,
Vous qui suivez encor les traces des Xavier
Sans briguer pour vos fronts un orgueilleux laurier,
Fuyez de Michelet les timides paupières.
Eh ! ne voyez-vous pas qu'armés de bréviaires
Vous allez effrayer l'illustre novateur ?
En vous voyant venir, il est pris de terreur
Comme s'il avait vu descendre dans l'arène
Ou le tigre indomptable, ou la féroce hyène.

Tel un tremblant athlète écoute en frémissant
La solennelle voix du lion rugissant,
Et, saisi de frayeur, le cœur tout plein d'alarmes,
Sent bientôt de ses mains glisser ses lourdes armes ;
Puis, quand vient le combat, son œil épouvanté
Semble perdre soudain sa brillante clarté :
Son front blanchit d'effroi ; son sein bondit et râle
Et ses dents, par leur choc, battent la générale.
Bientôt son corps fléchit Il tombe terrassé.
Et lorsqu'on le relève, il est déjà glacé.
C'est ainsi qu'aujourd'hui Michelet, dans sa course,
Voit tout son corps trembler sous la peur qui le pousse.
Son regard, en tous lieux, trouve des Loyolas
Se ruant sur les Rois, armés de coutelas.
Il en a vu partout : en France, en Arcadie ;
Sous les glaces du pôle ainsi qu'en Numidie.
Il n'est pas sur le globe un endroit si petit
Qui n'ait de cette secte à redouter l'esprit.

Mais, écoutons, enfin, car voici le prophète.
— Il va de la terreur emboucher la trompette. —

Terre, faites silence. Et vous, petits oiseaux,
Cessez vos chants d'amour. Dormez sur vos rameaux ;

Car, de sa grande voix Michelet va vous dire
Comment un Jésuite, armé d'un fin sourire,
Peut séduire une épouse, égarer ses enfants,
Et réserver au père, aussi pour ses vieux ans,
Le regret superflu de voir régner encore,
Au nom du Tout-Puissant, un respect qui l'honore.
— Comme si, de nos jours, l'antique vérité
Ne pouvait s'accorder avec la liberté. —

Loin de moi la pensée, injuste et téméraire,
De vouloir annoncer que, du haut de sa chaire,
Michelet vienne aussi, sans respect pour nos mœurs,
Combattre les vertus qui forment les grands cœurs;
Non. Car pour son talent j'ai si profonde estime,
Que je l'honorerais sans l'esprit qui l'anime.
Mais qu'il sache, du moins, que d'un peuple apostat
On peut faire aisément un peuple scélérat;
Et que la liberté des dogmes catholiques,
Seule, soutient les Rois comme les républiques.
Aussi je vais crier : France! n'écoute pas
Celui dont la doctrine enfante le trépas.

Parle, grand Michelet; raconte-nous les crimes
Des fils de Loyala. — Montre-nous leurs victimes. —

Raconte-nous comment les hommes les plus doux
Ont enfin mérité notre juste courroux.

Tu nous dis que du diable empruntant les malices,
Ils ont tous les détours et tous les artifices.
Depuis quand donc le diable, ennemi du chrétien,
A-t-il seul avec toi, le droit d'être malin?
Parce qu'ils ont conquis les peuples par adresse,
En ont-ils pour celà, pour eux moins de tendresse?
Tu ne le penses pas; car toi-même, cent fois,
Pour convaincre, on t'a vu modifier ta voix,
Et de nos jours, encor, pour te venger d'un songe,
Tu sèmes parmi nous le poison du mensonge,
Pour mieux tromper les cœurs, dans un cours insolite,
Tu te fais, pour de l'or, à ton gré Jésuite.

Mais parle, je me tais. — Montre-nous les forfaits
Des hommes dont ta voix maudit tous les succès.

II.

— « Peuples qui m'écoutez, du couchant à l'aurore,
J'ai vu de Loyola s'organiser encore
Les sombres bataillons, prêts à fondre sur nous
Pour renverser, enfin, le monde sous leurs coups.

Ils ont forgé dans Rome, au sein des Catacombes,
Mille fers meurtriers pour en creuser nos tombes. (E)
Déjà, l'on voit de loin venir leurs sentinelles
Menaçant du regard nos phalanges nouvelles.
Aux armes! citoyens ; redoutez leurs succès.
—Pour les connaître mieux, achetez leurs portraits.—(F)
Sur leurs fronts orgueilleux il n'est pas de frisure ;
Chacun d'eux a coupé sa longue chevelure.
En les voyant passer, un livre sous le bras,
L'on peut crier : fuyez ! — voici les Loyolas ! » —

« En Europe, on les voit, — ainsi que les Apôtres, —
Marchant toujours de pieds plus vites que les nôtres ;
Souvent, ils sont vêtus d'un habit si rapé !
Qu'il semble d'une écorce avoir été coupé.
Ils affectent toujours un modeste langage,
Habitués qu'ils sont à singer l'homme sage.
Leur regard, terne et fauve, a l'air de ne rien voir,
Mais il sait à propos exercer son pouvoir.
Pour le pauvre affamé, leur cœur est charitable.
Pourtant, fuyez leurs dons ; c'est l'aumône du Diable !
Dans les déserts brûlants, montés sur des chameaux,
On les a vus cent fois poursuivre leurs travaux,
Et fidèles, toujours, aux lois Jésuitiques,

2

Paganiser partout les rites catholiques, (G)

Pour captiver les cœurs des sujets du Sultan,

Ils portent, sans rougir, la robe et le turban.

On les rencontre aussi, sur de lointaines plages,

Étudiant les mœurs et les cultes sauvages ;

Dès l'aube du matin, prêtres, prédicateurs,

Dans les sombres forêts, le soir, ils sont chasseurs.

Ils se font tout à tous, et leurs voix hypocrites,

Savent, sur mille tons, chanter sur tous les rites.

L'un se fait laboureur, et couvert de haillons,

Enseigne aux Esquimaux l'art d'ouvrir des sillons.

Un autre va plus loin, sur les bords d'une rade,

Rassembler à grands frais des huttes en bourgade.

Celui-ci, plus hardi, s'érigeant en docteur,

Court d'un nègre blessé soulager la douleur.

Sans penser aux rigueurs de nos lois qu'il outrage,

Il se fait médecin pour guérir un sauvage.

C'est ainsi qu'en tous lieux, malgré tous nos édits,

Les enfants de Jésus séduisent les esprits.

Ils ont mille moyens d'exercer leurs ravages ;

Et leur voix se marie avec chaque langage. (H),

« Bientôt ils vont venir, du pays étranger,

Demander, parmi nous, une place au foyer.

Honte de notre temps ! à l'époque où nous sommes,
Ne pouvons-nous, enfin, nous passer de ces hommes?
Hélas ! ils sont venus ! Regardez, les voilà !
Ces dignes successeurs du Seigneur Loyola. »

« Arrêtez ! arrêtez ! Dites-nous qui vous êtes?
Vous nous avez surpris : c'est mal ce que vous faites !
Quel est votre pays ? Répondez, bonnes gens?
Vous ne craignez donc pas mes discours outrageants ?
Oh ! je vous reconnais. — Vos regards hypocrites
M'annoncent que c'est vous qu'on nomme Jésuites.
Quoi ! sitôt en ces lieux ! vous vous êtes pressés !
Comment à la frontière êtes-vous donc passés ?
Vous avez sommeillé, vaillantes sentinelles ; (1)
Ou vous fûtes encore à la France rebelles.
Infortunés mortels ! je vous l'avais prédit.
Rome va gouverner le sol qui vous nourrit.
Vous ne m'entendrez plus parler en cette école ;
Car bientôt vous suivrez chaque loi du symbole.
Souvent je vous ai dit : la liberté, c'est moi ! (J)
Mais ceux-là vous diront, au nom d'une autre loi :
La liberté, c'est Dieu ! — Tout le reste n'est rien, —
Et le plus grand de nous est l'œuvre de sa main !
Ennemis du progrès, le mien leur fait envie,

Ils ont l'esprit de mort ; — j'ai celui de la vie ! —
Le flambeau que je porte est l'unique clarté.
—Seul, il peut vous conduire à l'immortalité.—
Mais lorsque, parmi vous, il apparaît un homme
Investi d'un pouvoir qu'il a puisé dans Rome,
Oh ! ne l'écoutez pas, car sa bouche a juré
D'empêcher vos enfants de courir à leur gré,
A travers les sentiers où le monde sans guide
Doit enfin s'élancer d'une course rapide.
Esclaves malheureux d'un triste règlement,
Ils ont pour l'univers un seul gouvernement :
La catholicité — commune à tous les âges, —
Culte qu'ils ont porté chez les peuples sauvages ;
Vieux dogmes tout usés devant qui tout pouvoir
Doit tomber à genoux avant de les savoir.
Et la liberté, donc ! — à peine à son aurore, —
— Si le Pape, ici-bas, doit gouverner encore, —
Voudra-t-elle habiter et grandir parmi nous ?
Le pourra-t-elle enfin ? — dites ? le croyez-vous ? (κ) —
Compagnons de Jésus, avec vos grands tricornes,
Vous allez l'effrayer en lui traçant des bornes !
Vous qui nous annoncez que, moins licencieux,
Nous devons vivre enfin pour conquérir les cieux.
Eh ! que me fait, à moi, le ciel avec sa gloire,

Quand je cours, ici-bas, de victoire en victoire;

Et que je puis toujours, au gré de mes désirs,

Nourrir mes passions à force de plaisirs?

Qu'aurais-je à redouter, quand la bonté divine

Laisse à ma volonté le choix de ma doctrine?

Et lorsqu'un Loyola vient ici me damner

Parce que Rome, seule, ose me condamner,

J'ai le droit de crier : Enfant! poursuis ta route;

Sans craindre les tourments de l'infernale voûte.

Qu'ils soient chrétiens, payens, turcs ou bien musulmans,

Dieu reçoit dans ses bras chacun de ses enfants. (L)

Si quelque Jésuite, armé d'un bréviaire,

S'en venait, après nous, enseigner le contraire;

Suivez votre chemin. N'entendez pas sa voix. —

Gardez-vous d'écouter les hommes d'autrefois.

Car bientôt ils viendront briser votre carrière

Et souffler le flambeau dont l'éclat vous éclaire.

Déjà, depuis longtemps, le monde vous a dit

Qu'ils sont les ennemis du progrès de l'esprit.

— De vos aïeux, enfants, suivez l'état encore.

Chassez loin de vos cœurs l'ardeur qui les dévore.

Celui qui met un frein à son ambition

Sera toujours plus grand que sa condition.

En vain on veut marcher au gré de sa pensée;

Notre route, ici-bas, par le ciel est tracée.

— Vous l'avez entendu ! la noble vanité

Doit s'enfuir en criant : place à l'humilité !

Et bientôt nous irons tous entendre la messe ,

Puis notre femme, à nous , sera *Jésuitesse !*

Quand ils auront ainsi gagné notre moitié

Ils auront nos enfants ! oh ! cela fait pitié ! »

« Mais, s'il en est ainsi , malheureux que nous sommes !

Nos succès sont perdus ! que deviendront les hommes ?

Ne vous endormez pas. — Travaillez au soleil, —

Le soir n'est pas encor venu pour le sommeil.

Montez sur les remparts , enfants de la lumière ;

Voici vos ennemis ; ils sont à la frontière !

Je vous les ai montrés. — Allez ! Je reste ici. —

—J'ai peur !—mais de bien loin je puis combattre aussi.—

Faites fuir devant vous ces terribles phalanges ,

Qui viennent en chantant les cantiques des Anges.

Si vous ne repoussez leurs sombres bataillons ,

Ils éteindront les feux des révolutions. (1)

Ils vous diront encor qu'un peuple magnanime

---

(1) « Les jésuites, dit Michelet, sont les hommes de la *contre-révolution.* »
— Comment l'entendez-vous, docteur ; prenez garde ! La jeunesse pourrait
mal interpréter vos imprudentes paroles.

Doit mesurer les pas de l'ardeur qui l'anime.
Que le monde, ici-bas, est un fragile camp
Placé comme un nid d'aigle au-dessus d'un volcan
— Dont les feux mal éteints et les laves brûlantes,
Dévorent, sous nos pieds, leurs entraves fumantes ; —
Et qu'il faut, d'Empédocle, empruntant le bâton,
Avancer prudemment et toujours à tâton.
Voilà ce qu'ils diront, ces hommes de prières :
Perfides ennemis du siécle des lumières.
Mais, moi, je vous ai dit : marchez ! marchez toujours !
— N'arrêtez pas le fleuve au milieu de son cours. —
Courez, courez, enfants ; n'écoutez pas le doute.
— On ne doit s'arrêter qu'au terme de sa route. —
Ne me demandez pas ce que l'on trouve au bout.
Non, car je n'en sais rien. — J'ai parlé, voilà tout ! — »

III.

— Eh ! quoi, grand Michelet, le flambeau qui t'éclaire,
N'illumine pas mieux la fin de ta carrière
Où ta voix conduisit nos crédules enfants,
Trop jaloux d'écouter tes sinistres accents ?
Je vais l'indiquer, moi. Tiens, avance, regarde !
Ne vois-tu pas la mort, là-bas, monter la garde ?

— Plus loin, c'est le néant; — et puis, l'éternité ! —
Où resplendit enfin la divine clarté.
C'est-là que les mortels, si fiers de leur puissance !
Doivent aller bientôt demander audience,
Pour rendre au Roi des cieux, qui juge les humains,
Le denier que lui-même a placé dans leurs mains.
Heureux l'homme prudent, docteur ou Jésuite,
Qui peut solder son Dieu quand il veut qu'on s'acquitte.
Aussi, n'irons-nous pas, au gré de ton courroux
Contraindre un Loyola de s'enfuir de chez nous.

On ne te chasse pas, toi, loin de cette école
Où ta voix, pour de l'or, outrage le symbole.
On ne te chasse pas, pour dire à nos enfants
Que le Dieu de leur père est le Dieu des vieux ans.

Le monde est-il plus beau, depuis que ta doctrine
Proscrit de nos foyers la justice divine ?
Le peuple est-il meilleur, depuis que saint Acheul
Demeure enseveli dans un fatal linceul ?
A-t-il plus de grandeur, sans la foi qu'il oublie ?
— Ou respecte-t-il mieux chaque loi qui le lie —
Depuis qu'on ne voit plus les illustres Dupin
Adorant l'Eternel un cierge dans la main ?

Contemplez nos cités ; regardez dans la plaine ;
L'antique loyauté s'y montre encore à peine.
Et l'on verra bientôt l'homme, dans l'univers,
User ses plus beaux jours à se rendre pervers.
Déjà, de toutes parts, grandit dans nos familles
La honte de la mère et celle de ses filles.
Le Dieu qu'on adorait au temps de nos aïeux
Ne serait-il donc plus le Dieu de nos neveux ?
Eh ! qui donc le sera, si la race future
Laisse enfin dans l'oubli l'auteur de la nature ?
Ce n'est pas Michelet, le superbe Régent.
Oh ! non, --c'est moins que lui. --C'est le Dieu de l'argent ! --
Il promène déjà son humeur vagabonde
Sur les flots des malheurs qui menacent le monde ;
Et bientôt l'on verra l'orgueil des nations
— Intronisant le Dieu des révolutions, —
Descendre dans la rue et courir sur la place
— Pour y voir arriver le triomphe qui passe, —
Demandant à grands cris le droit de révoquer
Le Dieu qu'un Jésuite ose encore invoquer.
Allez, allez enfants, espoir de la patrie ;
Fuyez le Dieu puissant que votre mère prie.
Ne vous retournez pas pour voir couler ses pleurs.
Mieux vaut l'abandonner en proie à ses douleurs,

Que de vous exposer à rougir devant-elle
Quand sa voix vous dira sa honte maternelle !

Et toi, père affligé, gémiras-tu toujours?
A tes larmes, pourquoi donner un libre cours?
—« Pourquoi je pleure! hélas! au seul jour qui me reste,
Pouvait-on réserver un malheur plus funeste? »

« La femme que voilà m'a donné deux enfants
Elevés par mes soins pour charmer nos vieux ans.
L'ainé, c'était mon fils; l'espoir de ma famille:
L'autre— une tendre fleur —une humble jeune fille, —
Devait nous consoler en nos derniers travaux
Et répandre une larme au bord de nos tombeaux.
Mais le vent de l'erreur a soufflé dans leurs âmes,
Et leurs cœurs, en un jour, sont devenus infâmes.
Nous les avons livrés à de cruels amis;
Nous fûmes imprudents, — le ciel nous a punis. —
Et maintenant, mon Dieu! vieillis dans les alarmes,
Pour calmer nos douleurs nous n'avons que des larmes.
Pourtant, les malheureux ! pour prix de leurs leçons,
Nous leur avons donné la sueur de nos fronts.
Nos mains leur ont livré toutes nos espérances.
Que nous ont-ils rendu? de mortelles souffrances,

Pour nos cheveux blanchis, la honte des pervers,
Des regrets superflus et de cruéls revers ! »

« Mon fils, qui devait seul multiplier ma race ;
Sa sœur, dont j'admirais les vertus et la grace ;
Mon fils, qui pour sa mère eut toujours tant d'amour.
Et ma fille, à mes yeux, si charmante à son tour ;
Mes deux enfants, enfin, si beaux dans leur jeunesse!
Et que je chérissais d'une égale tendresse ;
Dites-moi? dites-moi, que sont-ils devenus?
— Mes regards outragés ne les rencontrent plus. » —

« En les voyant jouer dans les bras de leur mère,
Des larmes de bonheur brillaient à ma paupière,
Car je fondais sur eux l'espoir de mes vieux ans,
— Un père a tant de joie auprès de ses enfants ! —
— Mais, les miens ne sont plus. — Il me reste la honte
De les avoir nourris pour l'enfer qui m'affronte.
L'un, poussé par l'orgueil et l'amour de l'éclat,
A payé de sa vie un funeste combat...
L'autre, non moins coupable, a souillé sa jeunesse
En courant chaque jour de faiblesse en faiblesse.
Et tous deux sont tombés pour avoir oublié
Que Dieu punit, par nous, son culte humilié. »

« Qui donc les a tués ? Est-ce vous, Jésuites ?

Non, car vous n'êtes pas à ce point hypocrites,

Et l'on ne vit jamais, en sortant de vos mains,

Nos vertueux enfants devenir spadassins.

Ah ! c'est peut-être vous, humbles *Jésuitesses*,

Qui rendîtes ma fille et tant d'autres perverses ?

Oh ! non, ce n'est pas vous, filles du *Sacré-Cœur* ; [1]

— Vos lèvres n'ont jamais soufflé le déshonneur, —

En sortant de vos bras une fille à sa mère

Ne porte pas la honte, et la mort à son père. »

« Qui donc les a perdus, mes deux pauvres enfants ?

Qu'ils ne reviennent pas orner nos cheveux blancs. »

Vieillard, je n'en sais rien. Mais, cependant, je pense

Qu'on pourrait te le dire au collège de France.

Pour moi, je vais plus loin, et ma voix va crier :

Enfants, ne fuyez pas ceux qui vous font prier,

Et n'oubliez jamais que le Dieu qu'on outrage

Donne seul à son gré les talents en partage.

Jadis on admirait vos illustres aïeux

Étudiant Virgile en bénissant les cieux ;

---

(1) Michelet voit dans les dames du Sacré-Cœur une armée de femmes au service de la doctrine des jésuites, et dont la funeste influence, dit-il, doit semer la discorde au sein de chaque famille.

On les a vus longtemps, en dépit de Voltaire,

Demander à genoux la céleste lumière.

Souvent leurs professeurs étaient des loyolas.

—En furent-ils moins grands aux jours de leurs combats?—

Eh! qui donc est venu nous dire que la France

Voit dans un jésuite un traître qui l'offense?

Sans doute celui-là trouve la France en lui,

Pour oser nous parler de la sorte aujourd'hui.

Allez plus loin, docteurs, de vos âmes blessées

Nous comprenons enfin les sinistres pensées.

Oh! vous ne craignez pas le modeste pouvoir

De ces hommes venus chez nous vêtus de noir.

Ce que vous redoutez, c'est de voir leur science

Vous disputer le droit de régenter l'enfance.

C'est d'apprendre surtout que leur philosophie

Sait combattre avec gloire alors qu'on la défie.

Non, vous ne craignez pas l'ordre jésuitique.

Ce qui nous fait pâlir, c'est Rome catholique; (M).

C'est le bruit éclatant de nos réactions

Courant après la foi, flambeau des nations;

C'est surtout ce clergé qui grandit dans la lutte

Alors qu'on le croyait mort enfin dans sa chûte (N).

En vain vous annoncez que de futurs regrets

Menacent les amis du moderne progrès,

Et que la liberté, —si belle à son aurore! —
Sous les dogmes du Christ disparaîtrait encore.
Ne parlez pas ainsi! —nous ne vous croirons pas, —
— Jamais la vérité n'enfante le trépas. —
Réfléchissez, Docteurs, et dans votre mémoire,
N'ensevelissez pas les beautés de l'histoire,
Pour les changer ensuite au gré des passions
D'un peuple qui vous fait trop grosses pensions.
Eh! quoi! la liberté! — vous qui venez de naître, —
Vous qui, dans quelques jours, ne serez plus, peut-être,
Est-ce vous, dites-moi, qui la fîtes venir?
— Ou bien n'est-ce pas vous qui voulez la bannir? —
Vraiment! on le croirait, lorsqu'on voit qu'à l'Église
Vous ravissez encor celle qu'elle a conquise,
Et quand vous demandez que tous nos loyolas
Demeurent parmi nous comme des parias.

Vous qui parlez ainsi, quel pays est le vôtre?
— Prenez-vous donc, enfin, celui-ci pour un autre? —

De votre liberté nous ne demandons rien;
--Car l'homme est dans les fers quand il n'est plus chrétien!--
Nous ne pouvons marcher, Messieurs, sur votre trace.
— On ne suit pas ainsi chaque torrent qui passe. —

—Que nous demandez-vous?—Quel est votre étendard?—

—Celui des novateurs ? — Vous arrivez trop tard ! — (c)

Déjà, depuis longtemps, vos couleurs sont ternies.

— On n'instruit pas un peuple avec des calomnies! —

Partout où vous allez la discorde vous suit;

Et, dans votre courroux, vous faites si grand bruit,

Que le monde effrayé, dans l'ardeur qui le presse,

Redoute vos bienfaits comme votre tendresse.

Il sait que vous l'aimez beaucoup moins que son or,

Et que vous le flattez pour en avoir encor;

Aussi n'espérez pas triompher par la ruse ;

— Emportez avec vous l'espoir qui vous abuse. —

Vous êtes nés d'hier, mensonges superflus !

Et bientôt l'on dira : passez ! —vous n'êtes plus. —

Mais ceux qui sont venus de loin sur cette terre

Ont semé, parmi nous, l'éclat de leur lumière.

Trois siècles de splendeur ont consacré leurs droits ;

Et l'erreur n'a jamais blasphémé par leur voix.

Parcourez nos cités, ou remuez l'histoire;

Partout vous trouverez des témoins de leur gloire.

Le bruit de leurs succès, dans ce vaste univers,
Ne fut jamais plus grand qu'aux jours de leurs revers.

Car toujours les héros, —pour prix de leur vaillance,—
Dans la haine et l'oubli trouvent leur récompense.

Alors qu'on est César, au milieu du sénat,
On tombe sous les coups du plus lâche attentat !
Et lorsqu'on a soumis le Bosphore à la Seine,
Accablé de sa gloire, on meurt à Sainte-Hélène !
Mais l'esprit qui dirige ici bas les humains,
Survit dans tous les temps aux œuvres de leurs mains.
Or, le ciel ne veut pas que le siècle qui passe
Renverse dans son cours les compagnons d'Ignace.
Leur gloire est un soleil dont l'éclat resplendit
Dans ce vaste univers où Dieu la répandit.

Le monde les a vus, armés d'un grand courage,
Par d'illustres travaux signaler leur passage.
Partout ils sont allés, sans redouter jamais
La mort qu'ils moissonnaient pour prix de leurs bienfaits (p).
On les a rencontrés sur des plages lointaines ;
Sur les glaces du Pôle et les ruines d'Athènes ;
Dans les champs d'Ilion, aux pays indiens,
Annonçant, en tous lieux, le seul Dieu des humains.

Mais j'entends une voix me demander encor
Ce qu'ils cherchaient ainsi du couchant à l'aurore ;
Et c'est toi, Michelet, — et toi Quinet aussi, —
C'est vous, grands orateurs, qui me parlez ainsi ?
Eh quoi ! n'êtes vous plus amis de notre gloire ?
— Avez-vous oublié les pages de l'histoire ? —
Avez-vous oublié nos triomphes passés ?
Ou bien, à les juger, vous êtes-vous pressés ?
Souvenez-vous, Messieurs, que pour qui veut instruire
Il ne suffit jamais d'exceller à médire.
Sans doute, vous avez l'éclat d'un beau talent !
Mais le succès, pour vous, viendra d'un pas si lent
Que les peuples, enfin, fatigués de l'attendre,
Maudiront les instants perdus à vous entendre.
Et puis, se souvenant des biens qu'ils ont reçus,
Ils iront retrouver les enfants de Jésus ;
Car ils verront, enfin, qu'en suivant votre école,
On ne rencontre pas les trésors du Pactole.
Alors, ils vous diront : Vous qui parlez ainsi,
Avez-vous travaillé pour nous plus que *Ricci* ? (q)
Avez-vous dépassé la gloire de ces hommes
Dont la voix a soumis plus de trois cents royaumes ?
Vous avez travaillé ! — Pourriez-vous nous dire où ? —
Mais eux nous ont donné les bienfaits du Pérou.

Les peuples d'Arménie et ceux de la Crimée

Ont vu passer cent fois cette vaillante armée.

Ses pas ont mesuré l'empire de Brama,

Les rives de l'Hudson, le fougueux Parama;

La Chine, le Japon, le Tong-King et le Gange,

Et partout leurs travaux se donnent en échange

Des immenses trésors dont le monde, aujourd'hui,

Se plait à voir l'éclat resplendir devant lui.

Voilà ce qu'ils ont fait, ces hommes pleins d'audace!

—Eh! qui donc oserait les outrager en face? —

Serait-ce toi, Quinet? Eh quoi! docte orateur,

Ton aveugle courroux te fait persécuteur! (R)

Oh! s'il en est ainsi, je crains bien que ta gloire

Ne tombe sous le poids d'une triste victoire;

Car le peuple, vois-tu, n'oubli pas que des mots

Ne le soulagent pas au sein de ses travaux.

Ce qu'il lui faut, à lui, —pour calmer sa souffrance, —

C'est le pain de la vie, et puis, de l'espérance!

En vain tu lui diras, pour le flatter encor,

Que la liberté seule est plus belle que l'or,

Et qu'il ne suffit pas d'agrandir sa fortune

En recueillant les dons de Cérès et Neptune;

Il ne te croira pas : et bientôt, s'il a faim,

Ses enfants maudiront le vide de ta main.

Travaillez donc aussi, vous qui cherchez la gloire ;
Comme des Loyolas courez à la victoire.
Prodiguez votre sang ; affrontez les douleurs ;
— Des peuples affamés allez sécher les pleurs, —
Et vous verrez, alors , l'homme, à votre passage ,
Saluer à grands cris votre illustre courage ;
Car il aura compris que sa prospérité
Est venue après vous — comme sa liberté.

IV.

Et vous, nobles héros , ne fuyez pas la France ;
N'emportez pas au loin sa plus chère espérance !
Dieu ne le voudrait pas ; car , depuis trois cents ans ,
Vos travaux ont donné la gloire à ses enfants.

Du plus sage progrès vous leur montrez la voie ;
Et lorsque l'ennemi veut en faire sa proie,
Demeurez avec eux et combattez encor ,
Car bientôt ils vendront leurs vertus pour de l'or. (s)
Allez, comme jadis , et toujours pour leur cause,
Allez chercher bien loin les trésors du Potose.
Et tandis que les Rois dispensent aux humains
Les immenses bienfaits recueillis par vos mains,

Courez mourir encor sur une triste plage,
Accablés sous les coups d'une horde sauvage. (t)

Et maintenant, docteurs, ne me demandez plus
Ce que font, ici-bas, les enfants de Jésus.
Ne me demandez plus pourquoi la France entière
N'élève pas contre eux sa haine et sa colère.

Mais n'oubliez jamais que de plus grands que vous
Ont vainement, sur eux, secoué leur courroux.
— Quand on a devant-soi trois siècles de victoire (u)
Et dans chaque famille un témoin de sa gloire,
On ne redoute pas les efforts superflus
D'un ennemi qui passe et qui n'est déjà plus. —
Et la France sait bien que des peuples esclaves
Les compagnons d'Ignace ont brisé les entraves,
Et que leur grande voix, à chaque majesté,
La première a crié : *vive la liberté !* (v)

NOTES,

ÉCLAIRCISSEMENTS ET RÉFUTATIONS.

Note A, *page 9.*

Il ose de Quinet partager la terreur.

Voici comment Michelet exprime l'effroi dont il est saisi en pensant aux Jésuites dont il redoute le pouvoir et la concurrence :

« Ce que l'avenir nous garde, Dieu le sait !.... seulement je
» le prie, s'il faut qu'il nous frappe encore, de nous frapper
» de l'épée.

» Les blessures que fait l'épée, sont des blessures nettes et
» franches qui guérissent. Mais que faire aux plaies honteuses,
» qu'on cache, qui s'enveniment et qui vont toujours gagnant ?

» De ces plaies, la plus à craindre, c'est l'esprit de la police
» mis dans les choses de Dieu ; l'esprit de pieuses intrigues,
» de saintes délations, l'esprit des Jésuites. »

Et dans sa vague terreur, le docte professeur poursuit en

demandant au ciel d'accabler la France de tous les maux possibles, des fléaux les plus épouvantables, pourvu qu'il la préserve de l'esprit jésuitique. Il faut avouer que voilà une bien singulière manière d'aimer son pays ! Eh! quoi! préférer les horreurs de la guerre et de la tyrannie à de pieuses intrigues et à de saintes délations qui n'ont jamais produit d'autre mal que celui de rendre un chrétien solidaire d'un chrétien ! Vraiment, il faut avouer que vous êtes bien aveugles et bien injustes pour oser parler d'une façon si étrange des choses si dignes en elles-mêmes de la religion qui les a sanctifiées. Quel est donc le pouvoir qui pourrait gouverner sans le secours d'une police ? Un père sera-t-il plus malheureux père alors qu'il pourra connaître la conduite, les actions et même les pensées de toute sa famille. C'est là au contraire le véritable caractère de la charité chrétienne. On voit bien que vous ne la connaissez pas, vous qui en parlez si légèrement. Pourtant vous qualifiez ces intrigues et ces délations de l'adjectif pieuses et saintes ? Comment voulez-vous que nous expliquions cette contradiction dans vos propres paroles ?

NOTE B, *page* 9.

Et tous deux vous diront que chaque Jésuite

Est un monstre par Dieu mis à notre poursuite.

« Tout un peuple vivant comme une maison de Jésuites,
» c'est-à-dire du haut en bas, occupé à se dénoncer. La trahison
» au foyer même, la femme espion du mari, l'enfant de la
» mère.... Nul bruit, mais un triste murmure, un bruissement

» de gens qui confessent les péchés d'autrui, qui se travaillent
» les uns les autres et se rongent tout doucement.

» Ceci n'est pas, comme on peut le croire, un tableau d'ima-
» gination. Je vois d'ici tel peuple que les Jésuites enfoncent
» chaque jour d'un degré dans cet enfer de boues éternelles. »

Quel renversement d'idées ! Peut-on pousser plus loin la
haine et la calomnie ? Certes, on ne comprend pas que des
hommes de talent osent proclamer de telles turpitudes à la
face de toute une nation, qui a tant besoin de saine morale et
de bons exemples. C'est, il faut en convenir, bien mal comprendre le but de sa mission, que de pousser à un tel point
l'impudence d'une dangereuse philosophie.

Quel est donc le peuple que les Jésuites poussent dans votre
enfer de boue ? Quelle contrée habite-t-il ? Vous le voyez !
dites-vous, mais pourriez-vous nous le montrer ? J'en doute;
car il ne peut exister nulle part. Vous le savez bien vous qui
parlez ainsi. Vous le savez bien, puisque vous dites quelque
part qu'il n'y a point de Jésuites en état d'exercer son pouvoir.
S'ils n'existent plus, comment peuvent-ils pousser un peuple
dans un enfer de boue ? A chaque instant vous vous mettez
en contradiction avec vous-même. Est-ce donc ainsi qu'on
s'y prend alors que l'on veut mentir avec succès ! Où donc les
Jésuites s'en vont-ils accusant les péchés d'autrui ! Pourriez-
vous nous en citer un dont la voix ait révélé les secrets de la
confession ? Vous allez bien loin, docteur. Et bien certainement
si un Jésuite parlait ainsi à votre endroit, vous le traineriez
à la barre d'un tribunal pour en obtenir dommages et intérêts.

Car je doute que vous soyez disposé à vous entendre dire de pareilles choses. Vous voyez qu'ils sont moins délateurs que vous ne le dites. Eh ! d'ailleurs, s'ils étaient ce que vous voulez bien nous annoncer, il y a longtemps que leur ordre serait tombé. Il aurait été dévoré par chacun de ses membres, et on n'en parlerait déjà plus. Mais vous savez qu'ils vivent en bonne harmonie depuis trois cents ans. Qui donc les a soutenus? Leurs dénonciations? Non, puisqu'elles n'existent pas.—Est-ce vous? Encore moins.—Qui donc enfin ? C'est la sainteté de leur vie. Faites de même et vous ne périrez pas, et vous ne tomberez pas dans le mépris et dans l'oubli qui vous menacent.

Note C, *page* 10.

> Mais dit-elle jamais : l'espérance est un songe
> Et l'immortalité le plus triste mensonge !

Si nous n'étions forcé de ménager les citations, nous rappellerions plus d'un passage du livre de Michelet et Quinet, passages dans lesquels ces deux matérialistes se prononcent, pour ainsi dire, contre la vérité d'une vie future.

C'est la doctrine du scepticisme au grand complet. Voltaire n'a rien dit de pareil. — C'est le chemin du désespoir. — C'est par conséquent celui du suicide. —Quel est le père de famille qui voudrait d'une telle morale pour ses enfants?

Je sais bien que ceux qui l'enseignent, cette fatale doctrine, ne voudront jamais avouer que nous avons raison de l'avoir devinée dans leurs discours. Mais il n'en est pas moins vrai qu'ils l'ont laissé paraître à travers le voile transparent de leurs sophismes, plus captieux que subtils. Nous en avons remarqué tous les traits et nous venons les indiquer du doigt à ceux qui ne les auraient pas aperçus. — Nos adversaires ont laissé passer le bout de leurs oreilles, et si quelqu'un vient les pincer au passage, c'est à eux-mêmes qu'ils doivent s'en prendre. Je ne sais s'ils sont devenus assez incrédules pour vivre tranquilles au sein de leur philosophie, mais dans le cas où cela serait, ils ne pourront jamais procurer aux autres les bénéfices d'une paix semblable ; et en fût-il ainsi, je les plaindrais encore ; car si un tel calme régnait dans le monde, le leur serait bientôt troublé, et alors, je les défierais bien de jouir en paix du traitement qu'ils reçoivent annuellement pour prix de leur zèle à propager leurs doctrines.

Note D, *page 11.*

Et donne à nos forfaits, ainsi qu'à nos vertus,
La même récompense au séjour des élus.

« Cette liberté, qui d'abord a été le principe de la science, » est devenue le principe de la société civile et politique, de » telle sorte que l'état ne peut plus même professer officielle- » ment dans ses chaires l'intolérance ni le dogme : *hors de* » *l'église, point de salut ;* car ce serait professer le contraire de » son dogme politique, suivant lequel catholiques, luthériens, » calvinistes, etc., sont également appelés, et élus sans dis- » tinction de croyance. »

Ainsi, prêtres catholiques, vous voilà prévenus. Et maintenant, n'allez pas vous imaginer de prêcher l'unité de votre doctrine; mais faites une synthèse de tous les dogmes et de tous les cultes. Jusqu'à présent vous avez joui de votre droit d'annoncer la religion dont vous êtes les ministres; mais à compter d'aujourd'hui vous devez être les prédicateurs de toutes les croyances. La liberté ne veut plus que vous soyez libres. Vous êtes des esclaves, des valets, des parias; c'est Quinet qui vous le dit.

Note E , *page 17*.

Ils ont forgé dans Rome, au sein des Catacombes,
Mille fers meurtriers pour en creuser nos tombes.

« Quelle est la nature du Jésuite? Aucune. Il est propre à
» tout. Une machine. »

Singulier langage! Un homme qui n'a aucune nature et qui est propre à tout. Cherchez, démêlez le sens de ces paroles et je vous défie bien de savoir à quoi vous en tenir sur leur signification, si elles en ont une. — Après cela, — on conçoit aisément qu'il faille dix années d'étude, — même à un grand esprit — pour comprendre de telles choses. Le docteur a parlé; mais de tant de mots décousus que reste-t-il? un son! rien de plus.

Note F , *page 17*.

Pour les connaître mieux , achetez leurs portraits.

« Mais voulez-vous voir un homme? regardez passer le
» Jésuite. Que dis-je, un homme? Plusieurs en un seul. Sa

» voix est douce, mais le pas est ferme. Sa démarche dit sans
» qu'il parle.... *Je m'appelle Légion !* Le courage est facile
» à celui qui sent avec soi une armée pour le soutenir, qui se
» voit défendu, poussé, et par ce grand corps de Jésuites, et
» par tout un monde de gens titrés, de belles dames, qui au
» besoin remueront le monde pour lui. »

La popularité des Jésuites! leur force, leur grandeur, leur
puissance, par leur corps et par ceux qui ont su apprécier leurs
vertus, leurs talents, voilà qui vous surprend, qui vous dé-
concerte. Je vous crois bien ; car avec de telles armes, comment pourront-ils être vaincus par vous? comment effrayer le
monde avec une voix douce et un cœur d'autant plus humble
que leur supériorité est grande et dépasse celle de tous leurs
adversaires! Un homme, dont la présence seule dit : *Légion !*
n'est pas un homme facile à détruire, surtout quand cette légion se voue tout entière au bien-être de la société ; surtout
lorsqu'elle a su conquérir la reconnaissance des grands et des
petits. Certes un tel homme est comme un Napoléon, et fût-il
tombé du faîte de la puissance, qu'il mourrait encore dans la
gloire. Aussi, docteur, ne soyez pas surpris que le monde ne
puisse voir un ennemi dans un Jésuite. Soumettez-vous donc
à la souveraineté du peuple. *Vox populi, vox Dei !*—Remettez
l'épée dans le fourreau !

Note II, *page* 18.

Et fidèles, toujours, aux lois Jésuitiques
Paganiser partout les rites catholiques.

« Ils ont honte de montrer le christ de la passion, ou s'ils font
» tant que de se servir de la croix, ils l'ensevelissent sous les
» fleurs répandues aux pieds des idoles, de telle sorte qu'en
» adorant l'idole public, il soit loisible de rapporter cette ado-
» ration à cet objet caché......... »

Ainsi, compagnons de Jésus, plus votre zèle est ingénieux
à inventer des moyens pour propager le culte du vrai Dieu,
plus vous êtes coupables aux yeux de Quinet; nous ne savions
pas encore que vous étiez des payens.

Mais à côté des paroles de Quinet, rapprochons un peu celles
de l'auteur du Génie du Christianisme, et voyons comment il
juge l'ordre des Jésuites :

« L'Europe savante a fait une perte irréparable dans les jésuites.
L'éducation ne s'est jamais bien relevée depuis leur chûte. Ils
étaient singulièrement agréables à la jeunesse ; leurs manières
polies ôtaient à leurs leçons ce ton pédantesque qui rebute
l'enfance. Comme la plupart de leurs professeurs étaient des
hommes de lettres recherchés dans le monde, les jeunes gens
ne se croyaient avec eux que dans une illustre académie. Ils
avaient su établir entre leurs écoliers de différentes fortunes
une sorte de patronage qui tournait au profit des sciences. Ces
liens, formés dans l'âge où le cœur s'ouvre aux sentiments gé-
néreux, ne se brisaient plus dans la suite, et établissaient, entre

le prince et l'homme de lettres, ces antiques et nobles amitiés qui vivaient entre les Scipion et les Lelius. »

« Ils ménageaient encore ces vénérables relations de disciples et de maître, si chères aux écoles de Platon et de Pythagore. Ils s'enorgueillissaient du grand homme dont ils avaient préparé le génie, et réclamaient une partie de sa gloire. Voltaire, dédiant sa *Merope* au père Porée, et l'appelant son *cher maître*, est une de ces choses aimables que l'éducation moderne ne présente plus. Naturalistes, chimistes, botanistes, mathématiciens, mécaniciens, astronomes, poëtes, historiens, traducteurs, antiquaires, journalistes, il n'y a pas une branche des sciences que les Jésuites n'aient cultivée avec éclat. Bourdaloue rappelait l'éloquence romaine, Brumoy introduisait la France au théâtre des Grecs, Gresset marchait sur les traces de Molière ; Lecomte, Parennin, Charlevoix, Ducerceau, Sanadon, Duhalde, Noël, Bouhours, Daniel, Turnemine, Mainbourg, Larue, Jouvency, Rapin, Vanière, Commire, Siremond, Bougeant, Peteau ont laissé des noms qui ne sont pas sans honneur. Que peut-on reprocher aux Jésuites ? un peu d'ambition si naturelle au génie. Il sera toujours beau, dit Montesquieu en parlant de ces pères, de gouverner les hommes en les rendant heureux : » Pesez la masse du bien que les Jésuites ont fait : souvenez-vous des écrivains célèbres que leur corps a donnés à la France, ou de ceux qui se sont formés dans leurs écoles ; rappelez-vous les royaumes entiers qu'ils ont conquis à notre commerce par leur habileté, leurs sueurs et leur sang ; repassez dans votre mémoire les miracles de leur mission au Canada, au Paraguay, à la Chine, et vous verrez que le peu de mal dont on les accuse ne balance pas un moment les services qu'ils ont rendus à la société. »

NOTE H, *page* 18.

Ils ont mille moyens d'exercer leurs ravages ;
Et leur voix se marie avec chaque langage.

Voici les propres paroles de Quinet à propos des missions des Jésuites.

« Vit-on jamais rien de semblable? Qui a plus travaillé, et » qui a moins récolté? La société de Jésus a subi le plus étrange » châtiment qui soit au monde ; et ce châtiment consiste à tou- » jours travailler et à ne jamais recueillir.

« Seule, elle a reçu cette loi terrible : qu'elle produit des » martyrs et que le sang de ses martyrs ne produit que des » ronces.

» Qui se souvient d'elle ? *Malgré tant* de vertus privées, de » sang courageusement versé, le souffle de la ruse a passé là » et a tout dissipé. »

Voilà le jugement du docte professeur sur les missions. Mais en voici un autre qui vaut bien le sien. C'est un certificat dont les preuves sont assez belles.

Brevet du Roi.

« Aujourd'hui, septième de juin mil six cent soixante-dix- » neuf, le Roi étant à Saint-Germain-en-Laye , voulant gratifier » et favorablement traiter les pères jésuites français, mission-

» naires au Levant, en considération de leur zèle pour la re-
» ligion, *et des avantages que ses sujets qui résident et qui*
» *trafiquent dans toutes les échelles reçoivent de leurs instruc-*
» *tions*, Sa Majesté les a retenus et retient pour ses chapelains
» dans l'église et chapelle consulaire de la ville d'Alep en
» Sirie, etc.

» Signé LOUIS.

» Et plus bas, COLBERT. »

Ecoutons maintenant Châteaubriand sur le même sujet :

« Ces missionnaires avaient un instinct merveilleux pour suivre l'infortune à la trace, et la forcer, pour ainsi dire, jusques dans son dernier gîte. Les bagnes et les galères pestiférés n'avaient pu échapper à leur charité; écoutons parler le père Tarillon dans sa lettre à M. de Pontchartrain : »

« Les services que nous rendons à ces pauvres gens (les esclaves chrétiens au bagne de Constantinople) consistent à les entretenir dans la crainte de Dieu et dans la foi, à leur procurer des soulagements de la charité des fidèles, à les assister dans leurs maladies, et enfin à leur aider à bien mourir. Si tout cela demande beaucoup de sujétion et de peine, je puis assurer que Dieu y attache en récompense de grandes consolations.

« Dans les temps de peste, comme il faut être à portée de secourir ceux qui en sont frappés, et que nous n'avons que quatre ou cinq missionnaires, notre usage est qu'il n'y ait qu'un seul père qui entre au bagne, et qui y demeure tout le temps que la maladie dure. Celui qui en obtient la permission du supérieur s'y dispose pendant quelques jours de retraite, et prend congé de ses frères comme s'il devait bientôt mourir. Quelquefois il y consomme son sacrifice ; et quelquefois il échappe au danger. "

Note I, *page* 19.

Vous avez sommeillé, vaillantes sentinelles !

" La religion ! Il est heureux que vous la rapportiez ici....
" Mais qui êtes vous, bonnes gens ? et d'où venez-vous ? Par
" où avez-vous passé ? La sentinelle de France ne veillait pas
" bien cette nuit à la frontière, car elle ne vous a pas vus. "
Ah ! Vous ne savez pas qui sont ces bonnes gens, ni d'où ils viennent ! Ce sont les héros du catholicisme, ce sont les défenseurs de la chrétienté. Ils viennent de loin, docteur, car ils arrivent des plages lointaines dont ils vous rapportent des trésors de science et mille sortes de riches productions que leurs mains ont recueillies partout où ils sont allés porter la foi, la civilisation et la liberté. Regardez ? Leurs vêtement tout usés sont encore teints de sang, c'est le sang des martyrs. Leurs visages sont couverts de sueur et de poussière, mais leurs épaules sont chargées d'une si riche moisson qu'elle fera la gloire de toutes nos facultés, et que le luxe qu'elle va produire et répandre parmi nous brillera jusque sur les vêtements qui vous couvrent. Et maintenant, docteurs, qui n'avez encore rien fait de semblable, si ce n'est beaucoup de bruit, criez, criez encore à la trahison contre la sentinelle de la France. Demandez avec fureur qu'il leur soit refusé une place au foyer, à ces hommes qui nous ont enrichis. Mais sachez toutefois que, pour

justifier votre colère, il faudra faire mieux qu'eux, car autrement, soyez certain que les nations briseront tôt ou tard tous ceux qui les ont trompés et que le père de famille jetera au feu tout arbre qui ne rapporte pas de fruits. Mais le grand arbre d'Ignace en a toujours produits, et voilà pourquoi la hache des partis n'a jamais pu soulever ses racines. La colère est impuissante contre lui. C'est une scie dont toutes les dents s'émoussent au contact de sa vieille écorce. Sentinelle de la France, n'écoutez pas Michelet, laissez passer les Jésuites à la frontière. D'ailleurs, ils sont nécessaires à la gloire du grand novateur; car, s'ils ne sont pas là, comment pourra - t - il les combattre ? Il serait trop lâche d'élever la voix contre un ennemi absent !!

Note J, *page* 19.

Souvent je vous ai dit : La liberté c'est moi !

Ce vers rend complètement la pensée de Michelet; voici la manière dont il s'exprime.

« La liberté c'est l'homme. »

Il y a là un contre-sens; un faux raisonnement. En effet, lorsqu'on possède une chose, est-ce une raison pour que celui à qui elle appartient soit cette chose elle-même? Cela est certainement plus ridicule que de dire comme Louis XIV : La France c'est moi. Autant vaudrait dire : Mon épée c'est moi. Mon livre c'est moi !

Non, l'homme n'est pas la liberté. La liberté c'est Dieu. L'homme est un être créé, et la liberté est éternelle comme la divinité.

Sans doute vous avez le droit de penser librement. Mais on n'est pas libre seulement par la pensée. Il faut deux choses pour cela, penser et agir sans que rien puisse entraver la marche et l'exercice de ces deux facultés. Demandez au prisonnier s'il est libre, parce qu'il a le droit de penser dans les fers. — A quoi serviraient les révolutions?

Note K , *page* 20.

Et la liberté donc, si belle à son aurore ;

Si le Pape, ici-bas, doit gouverner encore,

Voudra-t-elle habiter et grandir parmi nous?

Le pourra-t-elle, enfin; dites? Le croyez-vous?

« Grands esprits, qui rougiriez d'écouter la voix populaire,
» adressez-vous à la science, étudiez, et je le prédis, au bout
» de dix ans passés sur l'histoire et les livres des Jésuites, vous
» n'y trouverez qu'un sens : *La mort de la liberté !*

Vous êtes avertis, grands esprits. Si vous voulez connaître les Jésuites, il vous faut étudier dix ans! rien que dix ans: Michelet ne rabattra pas une seule minute. A ce prix seulement vous saurez que les Jésuites sont les ennemis mortels de la liberté. Je suis convaincu qu'il n'est pas un lecteur de ces lignes qui veuille employer un temps si long pour apprendre tout le contraire. Je ne leur donne qu'un jour, une heure même, pour s'assurer que toute la terre a vu les Jésuites travaillant partout et toujours pour briser les fers des esclaves et pour répandre dans toutes les classes les trésors de la science qui enfante le véritable progrès.

Nous reviendrons sur ce sujet et nous prouverons alors toute la fausseté de l'assertion de Michelet. Contentons-nous, quant à présent, de remarquer que la franchise est le seul caractère qui distingue la loyauté d'un adversaire.

Note L, *page 21*.

Qu'ils soient chrétiens, païens, turcs ou bien musulmans,
Dieu reçoit dans ses bras chacun de ses enfants.

A son tour, voici comment Quinet s'exprime dans la première partie de son cours :

« La révolution française, dans son principe, est plus vérita-
» blement chrétienne que l'ultramontanisme , parceque le sen-
» timent de la religion universelle est désormais plutôt en
» France qu'à Rome. La loi sortie de la révolution française a
» concilié en esprit et en vérité ceux que l'ultramontanisme
» voulait éternellement diviser. Elle a relevé ce qu'il condamne.
» Elle a consacré ce qu'il proscrit. Elle a effacé le nom de
» huguenots et de papistes pour ne laisser subsister que celui
» de chrétien.... C'est-à-dire que la loi politique, tout impar-
» faite qu'elle puisse être , s'est trouvée à la fin plus conforme
» à l'évangile que les docteurs qui prétendent parler seuls au
» nom de l'évangile. »

Et plus loin, après avoir cité les peuples que le catholicisme a perdus, il ajoute :

« Voilà assez d'holocaustes sur un autel qui ne sauve plus
« personne !! »

De telles paroles n'ont pas besoin de commentaire. Et c'est

là la doctrine que des hommes salariés viennent semer parmi la jeunesse la plus instruite de la France ! C'est là la religion qu'on veut transmettre à la postérité future ! Vraiment, je ne me sens pas le courage de m'arrêter plus longtemps sur les tristes résultats que laisse entrevoir une pareille réaction.

Voici un passage choisi parmi toutes les beautés semées par la plume si noble de M. de Chateaubriand dans ses ouvrages. On y verra ce que pense l'auteur du génie du christianisme du pouvoir spirituel des papes. C'est la contrepartie de la doctrine de Quinet.

Note M , *page* 29.

Ce qui nous fait pâlir, c'est Rome catholique.

Ceux qui représentent le christianisme comme arrêtant les progrès des lumières, contredisent manifestement les témoignages historiques. Partout la civilisation a marché sur les pas de l'évangile, au contraire des religions de Mahomet, de Brama et de Confucius, qui ont borné les progrès de la société, et forcé l'homme à vieillir dans son enfance.

Rome chrétienne était comme un grand port qui recueillait tous les débris des naufrages des arts. Constantinople tombe sous le joug des Turcs ; aussitôt l'Église ouvre mille retraites honorables aux illustres fugitifs de Bysance et d'Athènes. L'imprimerie, proscrite en France, trouve une retraite en Italie. Des cardinaux épuisent leurs fortunes à fouiller les ruines de la Grèce et à acquérir des manuscrits. Le siècle de Léon X avait paru si beau au savant abbé Barthélemi , qu'il l'avait d'abord préféré à celui de Périclès pour sujet de son grand ouvrage : c'était dans l'Italie chrétienne qu'il prétendait conduire un moderne Anacharsis.

Ainsi, depuis quinze cents ans, l'Église protégeait les sciences et les arts ; son zèle ne s'était ralenti à aucune époque. Si, dans le huitième siècle, le moine Alcuin enseigne la grammaire à Charlemagne, dans le dix-huitième, *un autre moine industrieux et patient* trouve un moyen de dérouler les manuscrits d'Herculanum : si, en 740, Grégoire de Tours décrit les antiquités des Gaules, en 1754 le chanoine Mazzochi explique les tables législatives d'Héraclée. La plupart des découvertes qui ont changé le système du monde civilisé ont été faites par des membres de l'Église. L'invention de la poudre à canon, et peut-être celle du télescope, sont dues au moine Roger Racon ; d'autres attribuent la découverte de la poudre au moine allemand Berthold Schwartz ; les bombes ont été inventées par Galen, évêque de Munster ; le diacre Flavio de Gioia, Napolitain, a trouvé la boussole ; le moine Despina, les lunettes ; et Pacificus, archidiacre de Véronne, ou le pape Sylvestre II, l'horloge à roues. Que de savants dont nous avons déjà nommé un grand nombre dans le cours de cet ouvrage, ont illustré les cloîtres, ou ajouté de la considération aux chaires éminentes de l'Église ! que d'écrivains célèbres ! que d'hommes de lettres distingués ! que d'illustres voyageurs ! que de mathématiciens, de naturalistes, de chimistes, d'astronomes, d'antiquaires ! que d'orateurs fameux ! que d'hommes d'état renommés ! Parler de Suger, de Ximenès, d'Albéroni, de Richelieu, de Mazarin, de Fleury, n'est-ce pas rappeler à la fois les plus grands ministres et les plus grandes choses de l'Europe moderne ?

Après tout, les progrès des lettres étaient inséparables des progrès de la religion, puisque c'était dans la langue d'Homère et de Virgile que les pères expliquaient les principes de la foi ; le sang des martyrs, qui fut la semence des chrétiens, fit croître aussi le laurier de l'orateur et du poète.

Rome chrétienne a été pour le monde moderne ce que Rome païenne fut pour le monde antique, le lien universel ; cette capitale des nations remplit toutes les conditions de sa destinée, et semble véritablement la *Ville éternelle*. Il viendra peut-être un temps où l'on trouvera que c'était pourtant une grande idée, une magnifique institution que celle du trône pontifical. Le père spirituel, placé au milieu des peuples, unissait ensemble les diverses parties de la chrétienté. Quel beau rôle que celui d'un pape vraiment animé de l'esprit apostolique ! Pasteur général du troupeau, il peut ou contenir les fidèles dans le devoir, ou les défendre de l'oppression. Ses états, assez grands pour lui donner l'indépendance, trop petits pour qu'on ait rien à craindre de ses efforts, ne lui laissent que la puissance de l'opinion.

C'est donc une chose assez généralement reconnue que l'Europe doit au Saint-Siège sa civilisation, une partie de ses meilleures lois, et presque toutes ses sciences et ses arts. Les souverains pontifes vont maintenant chercher d'autres moyens d'être utiles aux hommes : une nouvelle carrière les attend ; et nous avons des présages qu'ils la rempliront avec gloire. Rome est remontée à cette pauvreté évangélique qui faisait tout son trésor dans les anciens jours. Par une conformité remarquable , il y a des Gentils à convertir, des peuples à rappeler à l'unité , des haines à éteindre, des larmes à essuyer, des plaies à fermer; et qui demandent tous les baumes de la religion. Si Rome comprend bien sa position , jamais elle n'a eu devant elle de plus grandes espérances , et de plus brillantes destinées. Nous disons des espérances, car nous comptons les tribulations au nombre des desirs de l'église de Jésus-Christ. Le monde dégénéré appelle une seconde prédication de l'Évangile; le christianisme se renouvelle , et sort victorieux du plus terrible des assauts que l'enfer lui ait encore livrés. Qui sait si ce que nous avons pris pour la chûte de l'église n'est pas sa réédification ! Elle périssait dans la richesse et dans le repos ; elle ne se souvenait plus de la croix : la croix a reparu, elle sera sauvée.

Note N , *page* 29.

C'est surtout ce clergé qui grandit dans la lutte ,
Alors qu'on le croyait mort enfin dans sa chute.

« Où donc est le clergé de France ? Où sont tous ces partis
» qui en faisaient la vie sous la restauration ? Éteints, morts,
» anéantis. »

Entendez-vous bien, Messieurs du clergé de France ? Vous êtes morts , éteints, anéantis. Michelet l'a dit au collège de

France et dans son livre contre les Jésuites page 3 , ligne 18.
Plus haut, ce sont les Jésuites qui n'existent plus , et maintenant
c'est tout le clergé qui est anéanti. C'est probablement à cause
de cette extinction qu'il ajoute plus loin le fracas de ces paroles
si remarquables par l'esprit et le caractère qui les distinguent.
Écoutez, vous qui êtes morts, éteints !

« Vous avez quarante mille chaires que vous faites parler
» de gré ou de force ; vous avez cent mille confessionnaux d'où
» vous remuez les familles. Vous tenez dans la main ce qui est
» la base de la famille et du monde !.... Vous tenez la mère,
» l'enfant n'est qu'un accessoire. Eh ! que ferait le père quand
» elle rentre éperdue, qu'elle se jette dans ses bras en criant :
» Je suis damnée ! Vous êtes sûr que le lendemain il vous
» livrera son fils.... Vingt mille enfants dans vos petits sémi-
» naires ! deux cent mille tout-à-l'heure dans les écoles que
» vous gouvernez ! Des millions de femmes qui n'agissent que
» par vous !

» Et nous, qu'est-ce que nous sommes, en face de ces grandes
» forces ? Une voix et rien de plus. Une voix pour crier à la
» France...... »

Voilà ce que vous êtes, clergé de France ! Vous qui êtes
morts, éteints, anéantis.

Et c'est Michelet qui vous le dit, si vous l'ignorez à force de
modestie.

Eh ! mon Dieu oui, M. Michelet, voilà le clergé dans toute sa
grandeur, voilà comme il est mort, vous voyez bien que les
Jésuites ne l'ont pas encore trop amaigri. Cela vous étonne ?

Je le conçois. Mais ne vous effrayez pas de cet état de choses, car un avenir plus beau se dessine en face de lui et il saura s'en rendre digne.

Quant à la femme qui rentre chez elle en s'écriant : *Je suis damnée !* Ne vous inquiétez pas de ce que fera son mari. *Tu es damnée !* lui dira celui-ci, c'est parceque tu as oublié la vertu, sans doute. Eh bien ! sois maintenant une femme selon les Jésuites et le clergé, et le ciel s'ouvrira pour toi. Voila ce qu'il dira, le père de famille ; et comme vous l'avez fort bien deviné, il se hâtera de donner encore son fils à ceux qui ont éveillé le remords au cœur de son épouse. Quel si grand mal y aura-t-il à cela ? Il est vrai que si vous êtes peu de chose en face de ces grandes forces, vous courrez la chance de ne pas augmenter avec elles ; mais que voulez-vous ? Vous aurez au moins la consolation d'avoir montré le danger à la France, et de vous réjouir en pensant qu'elle a profité de vos avis pour se garder de votre doctrine.

Note O, *page 31.*

Que nous demandez-vous ? Quel est votre étendard ?
Celui des novateurs ? Vous arrivez trop tard !

Quinet va vous dire lui-même sa religion, sa croyance. Ecoutez.

« Je n'ai point exagéré mon orthodoxie, je ne veux pas
» non plus exagérer l'esprit de sectaire qae l'en veut me don-
» ner. »

« Puisqu'on nous le demande, nous le dirons bien haut.
« Nous sommes de la communion de Descartes , de Turenne ,
» de Latour d'Auvergne , de Napoléon ; nous ne sommes pas
» de la religion de Louis XI, de Catherine de Médicis, du
» père Letellier, ni de celle de M. de Maistre, ni même de
» celle de M. de Talleyrand. »

Vous n'avez pas tout dit, M. Quinet. Permettez-nous de compléter votre pensée.

Vous n'êtes d'aucune religion, pas même de celle de Napoléon , qui n'aurait pas voulu de votre communion. Votre culte à vous , c'est le culte de l'argent , auquel vous ajoutez les prétentions ridicules de Zoroastre. Détruire pour vous attirer quelque gloire , voilà votre but. Vous ramassez les épis que Voltaire a laissé tomber. Aussi votre gerbe sera légère et le vent l'emportera comme le grain que vous avez semé sur le sable où il ne pourra prendre racine.

NOTE P, *page 52.*

La mort qu'ils moissonnaient pour prix de leurs bienfaits.

Qu'un homme , à la vue de tout un peuple, sous les yeux de ses parents et de ses amis, s'expose à la mort pour sa patrie, il échange quelques jours de vie pour des siècles de gloire ; il illustre sa famille et l'élève aux richesses et aux honneurs. Mais le missionnaire dont la vie se consume au fond des bois, qui meurt d'une mort affreuse, sans spectateurs, sans applaudissements, sans avantage pour les siens, obscur, méprisé, traité de fou, d'absurde, de fanatique, et tout cela pour donner un bonheur éternel à un Sauvage inconnu... De quel nom faut-il appeler cette mort, ce sacrifice?

C'est à ces mêmes missionnaires que nous devons l'amour que les Sauvages portent encore au nom français dans les forêts de l'Amérique. Un mouchoir blanc suffit pour passer en sûreté à travers les hordes ennemies, et pour recevoir partout l'hospitalité. C'étaient les jésuites du Canada et de la Louisiane qui avaient dirigé l'industrie des colons vers la culture, et découvert de nouveaux objets de commerce pour les teintures et les remèdes. En naturalisant sur notre sol des insectes, des oiseaux et des arbres étrangers, ils ont ajouté des richesses à nos manufactures, des délicatesses à nos tables, et des ombrages à nos bois.

Note Q, page 55.

Avez-vous travaillé pour nous plus que *Ricci*,

Ricci, élève de Cluvius, et lui-même très-habile en mathématiques, se fit, à l'aide de cette science, des protecteurs parmi les mandarins. Il quitta l'habit des bonzes, et prit celui des lettrés. Il donnait des leçons de géométrie, où il mêlait avec art les leçons plus précieuses de la morale chrétienne. Il passa successivement à Chouachen, Nemchem, Pékin, Nankin; tantôt maltraité, tantôt reçu avec joie; opposant aux revers une patience invincible, et ne perdant jamais l'espérance de faire fructifier la parole de Jésus-Christ. Enfin, l'empereur

lui-même, charmé des vertus et des connaissances du missionnaire, lui permit de résider dans la capitale, et lui accorda,
ainsi qu'aux compagnons de ses travaux, plusieurs priviléges.
Les jésuites mirent une grande discrétion dans leur conduite,
et montrèrent une connaissance profonde du cœur humain. Ils
respectèrent les usages des Chinois, et s'y conformèrent en
tout ce qui ne blessait pas les lois évangéliques. Ils furent tra-
versés de tous côtés. « Bientôt la jalousie, dit Voltaire, corrompit
les fruits de leur sagesse, et cet esprit d'inquiétude et de con-
tention, attaché en Europe aux connaissances et aux talents,
renversa les plus grands desseins. »

Ricci suffisait à tout. Il répondait aux accusations de ses ennemis en Europe, et il veillait aux églises naissantes de la
Chine. Il donnait des leçons de mathématiques, il écrivait en
chinois des livres de controverse contre les lettrés qui l'at-
taquaient, il cultivait l'amitié de l'empereur, et se ménageait
à la cour, où sa politesse le faisait aimer des grands. Tant de
fatigues abrégèrent ses jours. Il termina à Pékin une vie de
cinquante-sept années, dont la moitié avait été consumée dans
les travaux de l'apostolat.

Après la mort du père Ricci, sa mission fut interrompue par
les révolutions qui arrivèrent à la Chine. Mais lorsque l'empereur Tartare Cun-chi monta sur le trône, il nomma le père
Adam Schall président du tribunal des mathématiques. Cun-chi
mourut, et pendant la minorité de son fils Cang-hi, la religion
chrétienne fut exposée à de nouvelles persécutions.

A la majorité de l'empereur, le calendrier se trouvant dans

une grande confusion, il fallut rappeler les missionnaires. Le jeune prince s'attacha au père Verbiest, successeur du père Schall. Il fit examiner le christianisme par le tribunal des états de l'empire, et minuta de sa propre main le mémoire des jésuites. Les juges, après un mûr examen, déclarèrent que la religion chrétienne était bonne, qu'elle ne contenait rien de contraire à la pureté des mœurs et à la prospérité des empires.

Il était digne des disciples de Confucius de prononcer une pareille sentence en faveur de la loi de Jésus-Christ.

Quiconque s'intéresse à la gloire de son pays ne peut s'empêcher d'être vivement ému en voyant de pauvres missionnaires français donner de pareilles idées de Dieu au chef de plusieurs millions d'hommes : quel noble usage de la religion !

Un empire, dont les mœurs inaltérables usaient depuis deux mille ans le temps, les révolutions et les conquêtes, cet empire change à la voix d'un moine chrétien, parti seul du fond de l'Europe. Les préjugés les plus enracinés, les usages les plus antiques, une croyance religieuse consacrée par les siècles, tout cela tombe et s'évanouit au seul nom du Dieu de l'Évangile. Au moment même où nous écrivons, au moment où le christianisme est persécuté en Europe, il se propage à la Chine. Ce feu qu'on avait cru éteint s'est ranimé, comme il arrive toujours après les persécutions. Lorsqu'on massacrait le clergé en France, et qu'on le dépouillait de ses biens et de ses honneurs, es ordinations secrètes étaient sans nombre ; les évêques proscrits furent souvent obligés de refuser la prêtrise à des jeunes gens qui voulaient voler au martyre. Cela prouve, pour la

millième fois, combien ceux qui ont cru anéantir le christianisme, en allumant les bûchers, ont méconnu son esprit. Au
contraire des choses humaines, dont la nature est de périr
dans les tourments, la véritable religion s'accroît dans l'adver-
sité : Dieu l'a marquée du même sceau que la vertu.

Note R, *page* 34.

Ton aveugle courroux te fait persécuteur.

« Ils ont imprimé dans un journal que j'attaquais le clergé.
» C'est tout le contraire. Faire connaître les tyrans du clergé,
» c'est préparer sa délivrance. »

Ah? ils ont dit cela, les Jésuites! Eh bien! ils ont eu parfaitement raison; car non seulement vous attaquez le clergé,
mais encore avec eux la catholicité toute entière. C'est le
but vers lequel tendent toutes vos déclamations. Votre cours,
votre livre en est le témoin le plus irrécusable.

Penseriez-vous par hasard que les jésuites ne font pas partie
du cl rgé? Vous seriez dans l'erreur. Cela ne nous étonne pas.
Vous dites vous-mêmes que les compagnons d'Ignace sont les
défenseurs de Rome. Et le clergé, qu'est-il donc autre chose?
Vous prétendez qu'ils sont les tyrans du clergé. Qui vous a dit
cela? Est-ce lui? non, c'est vous, vous seul; et pas un prêtre
ne vous donnera gain de cause, car en attaquant les Jésuites
vous l'attaquez lui-même. — Ils sont tous solidaires.

Note S, *page* 35.

Car bientôt ils vendront leurs vertus pour de l'or.

« On sait ce que nous faisons. Nous travaillons bien ou mal.

» Chaque jour nous venons tout apporter ici : notre vie, notre
» propre cœur.... Nos ennemis peuvent y mordre. Il y a long-
» temps que nous les nourrissons de notre propre substance ;
» nous pouvons leur dire, comme dans le chant grec, le blessé
» au vautour : « Mange, oiseau, c'est la chair d'un brave ; ton
» bec grandira d'une coudée. »

« Car enfin, voyez vous-mêmes, de quoi vivez-vous dans
» votre grande pauvreté? »

En vérité, docteur, voilà des phrases parfaitement son-
nantes. Quel dommage que le sens n'en soit pas tellement à
votre avantage que vous puissiez vous en glorifier. Certes, je
suis fâché de vous le dire ; mais, à l'instar des Jésuites, vous
devriez bien méditer un peu le sujet de vos discours avant de
les traiter. Mais vous ne pouvez profiter de ce conseil, car
vous redoutez l'ascétisme. Oh ! vous ne vous trompez pas ; oui
nous savons ce que vous faites. Peut-être vous-mêmes le sau-
rez-vous un jour. Mille fois heureux s'il en est temps encore.
Quant à votre cœur, vous avez tort de l'apporter au milieu de
nous, car personne ne voudrait y mordre, pas même les vau-
tours. Il contient trop de fiel. Ne vous inquiétez pas non plus
de ce qui alimente la vie des Jésuites dans leur grande pauvreté. S'ils ont quelques aumônes à demander, ils n'iront pas
frapper à votre porte, soyez-en bien sûr.

Il y a trois siècles qu'ils vivent sans vous. Ils peuvent vivre
encore longtemps ainsi. Leurs moissons sont abondantes ; et
de leur superflu vous auriez encore trop pour rassasier votre
faim et pour couvrir votre nudité. Depuis trois cents ans les

hommes se chauffent à leur soleil, et il en est peu qui ne se soient glorifiés d'avoir mangé le pain de leur froment.

La langue qu'ils ont dans la bouche, dites-vous, est la langue de Rousseau, ainsi que leur rhétorique et leurs raisonnements.

Mais avant J.-J. Rousseau, quelle langue, quelle rhétorique et quels raisonnements avaient-ils donc? Vous dites qu'ils n'ont jamais changé leur doctrine, comment trouvez-vous alors qu'ils sont les plagiaires de Rousseau? Dailleurs, si cela est, vous êtes alors forcé de reconnaître qu'ils ne sont pas les ennemis du progrès. Est-on stationnaire, quand on argumente comme J.-J. Rousseau? Toujours des contradictions; à quoi pensez-vous donc, docteur? Je ne sais si Rousseau était de votre avis à l'endroit des Jésuites, mais toujours est-il que voici ce qu'il en pensait.

« Le séjour d'un heureux temps se lie avec celui des Jésuites
» au point de me faire aimer l'un par l'autre; et, quoique leur
» doctrine m'ait paru dangereuse, *je n'ai jamais pu trouver en*
» *moi le pouvoir de les haïr sincèrement.* (1)

NOTE T, *page 56.*

Accablés sous les coups d'une horde sauvage.

« Non, vous n'êtes pas du passé! non, vous n'êtes pas du
» présent. »

« Etes-vous? non, vous avez l'air d'être.... par accident.

(1) Les confessions. P. I. L. VI.

» Simple phénomène. Nulle existence. Ce qui est vraiment
» produit. »

« Si vous veniez, vous qui n'êtes point, qui ne faites rien,
» qui ne ferez rien, nous conseiller de ne rien faire, d'abdiquer
» notre activité, de nous remettre à vous, au néant, nous ré-
» pondrions : « Il ne faut pas que le monde meure encore.
» Qu'on soit mort ; à la bonne heure. Est-ce une raison pour
» exiger que le reste soit mort aussi ? »

Lorsque de telles paroles sont prononcées au milieu d'un
vaste et nombreux auditoire, disposé du reste à saisir plutôt
les mauvaises que les bonnes influences, elles peuvent séduire
certains esprits. C'est l'effet du moment. C'est le prestige produit par le clincan qui ruisselle sur le costume d'un acteur.
Mais soumises à l'appréciation du lecteur impartial et ami du
vrai, elles apparaissent bientôt ce qu'elles sont en effet. Ce
ne sont plus que des mots décousus, sans suite, sans logique,
et leur sens est alors tout aussi étrange que l'esprit qui les a
dictés.

Eh quoi ! les Jésuites ne sont pas les hommes du passé ?
Qu'ont-ils donc été depuis trois siècles ? rien, dites-vous ? Pourquoi attaquer leurs œuvres, leurs mœurs, leurs travaux, leur
histoire ? Pourquoi faut-il dix années aux grands esprits pour
les étudier et les connaître ?

Ils ne sont pas du présent ? Voilà qui est encore mieux. Mais
comment cela se peut-il faire ? On n'attaque pas ce qui n'existe
plus. On n'a pas peur de ce qui est dans le néant, et lorsqu'on est
éteint, on n'a pas le pouvoir de braver la liberté et d'arrêter la

marche du progrès. Vainement! vous avez d'étranges manières de juger les choses. Auriez-vous par hasard la manie de voir partout des morts vivants? Elle était donc bien grande la puissance de vos ennemis, que vous la trouvez encore si redoutable alors que vous les croyez éteints, anéantis?

Note U, *page 56.*

Quand on a devant soi trois siècles de victoire.

Plusieurs d'entre eux y moururent de faim et de fatigue ; d'autres furent massacrés et dévorés par les sauvages. Le père *Lizardi* fut trouvé percé de flèches sur un rocher ; son corps était à demi déchiré par les oiseaux de proie, et son bréviaire était ouvert auprès de lui à l'office des Morts. Quand un missionnaire rencontrait ainsi les restes d'un de ses compagnons, il s'empressait de leur rendre les honneurs funèbres ; et, plein d'une grande joie, il chantait un *Te Deum* solitaire sur le tombeau du martyr.

Le ciel, touché de leurs vertus, accorda à plusieurs d'entre eux cette palme qu'ils avaient tant désirée, et qui les a fait monter au rang des premiers apôtres. La bourgade Huronne, où le père Daniel était missionnaire, fut surprise par les Iroquois, au matin du 4 juillet de 1648 ; les jeunes guerriers étaient absents. Le jésuite, dans le moment même, disait la messe à ses néophytes. Il n'eut que le temps d'achever la consécration, et de courir à l'endroit d'où partaient les cris. Une scène lamentable s'offrit à ses yeux : femmes, enfants, vieillards gisaient pêle-mêle expirants. Tout ce qui vivait encore tombe à ses pieds, et lui demande le baptême. Le père trempe un voile dans l'eau, et le secouant sur la foule à genoux, procure la vie des cieux à ceux qu'il ne pouvait arracher à la mort temporelle. Il se ressouvient alors d'avoir laissé dans les cabanes quelques malades qui n'avaient point encore reçu le sceau du christianisme ; il y vole, les met au nombre des rachetés, retourne à la chapelle, cache les vases sacrés, donne une absolution générale aux Hurons qui s'étaient réfugiés à l'autel, les presse de fuir, et, pour leur en laisser le temps, marche à la rencontre des ennemis. A la vue de ce prêtre qui s'avançait seul contre une armée, les Barbares étonnés s'arrêtent, et reculent quelques pas ; n'osant approcher du saint, ils le percent de loin avec leurs flèches. Il meurt, et sauve une partie de ses néophytes, en arrêtant ainsi les Iroquois autour de lui.

Enfin le père Brébeuf, oncle du poète du même nom, fut brûlé avec ces tourments horribles que les Iroquois faisaient subir à leurs prisonniers.

Après avoir souffert plusieurs autres tourments que nous n'oserions transcrire, le père Brebœuf rendit l'esprit, et son âme s'envola au séjour de celui qui guérit toutes les plaies de ses serviteurs.

Ceux pour qui un prêtre est un objet de haine et de risée, se réjouiront de ces tourments des confesseurs de la foi. Les sages, avec un esprit de prudence et de modération, diront qu'après tout les missionnaires étaient des victimes de leur fanatisme ; ils demanderont, avec une pitié superbe, *ce que ces moines allaient faire dans les déserts de l'Amérique ?* A la vérité, nous convenons qu'ils n'allaient pas, sur un plan de savants, tenter de grandes découvertes philosophiques : ils obéissaient seulement à ce maître qui leur avait dit : « Allez et enseignez. » *Docete omnes gentes ;* et sur la foi de ce commandement, avec une simplicité extrême, ils quittaient les délices de la patrie pour aller, au prix de leur sang, révéler à un Barbare qu'ils n'avaient jamais vu... — Quoi? Rien, selon le monde, presque rien : *L'existence de Dieu et l'immortalité de l'âme* : Docete omnes gentes !

Note V, *page 56.*

La première a crié : *vive la liberté !*

Ils commencèrent par obtenir de la cour d'Espagne la liberté des Sauvages qu'ils parviendraient à réunir. A cette nouvelle, les colons se soulevèrent ; ce ne fut qu'à force d'esprit et d'adresse que les jésuites surprirent, pour ainsi dire, la permission de verser leur sang dans les déserts du Nouveau-Monde. Enfin, ayant triomphé de la cupidité et de la malice humaines, méditant un des plus nobles desseins qu'ait jamais conçu un cœur d'homme, ils s'embarquèrent pour *Rio de la Plata.*

Imprimerie de Éd. Fleury et L. Huries, à Laon.